1894-Décembre
4

# VENTE

**Du Mardi 4 Décembre 1894**

A DEUX HEURES PRÉCISES

HOTEL DROUOT, SALLE N° 1

# TABLEAUX MODERNES

PAR

Blum (M.), Boggs, Brown (J.-L.), Courdouan
Dantan, Gabriel, Gervex (H.), Hugard
Humbert (F.), Lambert (E.), Legrand (R.), Maignan (A.)
Muller (Robert), Nozal, Palizzi
Petitjean (E.), Pezant (A.), Roy (M.), Stevens (A.)
Van Beers (J.), Weber (Th.), etc.

## AQUARELLES, DESSINS, PASTELS

PAR

Baudry (P.), Forain, Jacquet (G.)
Lemaire (M.), Merwart, Pille (H.), Pils, Vibert (J.-G.)
Vorms, etc.

EXPOSITION PUBLIQUE

**Le Lundi 3 Décembre 1894, de 1 heure à 5 h. 1/2**

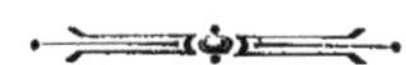

| M^e Georges BOULLAND | MM. J. CHAINE et SIMONSON |
|---|---|
| COMMISSAIRE-PRISEUR | EXPERTS |
| Rue des Petits-Champs, 26 | Rue de la Paix, 5 |

PARIS — 1894

IMPRIMERIE MAULDE ET RENOU

A MAULDE & Cie

IMPRIMEURS DE LA COMPAGNIE DES COMMISSAIRES PRISEURS

*Rue de Rivoli, 144*

## CONDITIONS DE LA VENTE

La vente sera faite au comptant.

Les Acquéreurs paieront CINQ POUR CENT en sus des enchères.

L'Exposition mettant le public à même de se rendre compte de l'état des objets, aucune réclamation ne sera admise une fois l'adjudication prononcée.

A. MAULDE et Cie, imprimeurs de la Cie des Commissaires-Priseurs,
rue de Rivoli, 144. 500—46519

# DESIGNATION

## BEAUVERIE (C.)

1 — Paysage; en hiver.

Bois : H. $0^m 20$; L. $0^m 36$.

## BERCHERE (N.)

2 — Les Pyramides. (Étude.)

Bois : H. $0^m 16$; L. $0^m 33$.

## BLUM (M.)

3 — La Confidence.

Bois : H. $0^m 25$; L. $0^m 18$.

## BOGGS

4 — Place de l'Église à Isigny.

Toile : H. $0^m 46$; L. $0^m 65$.

## BOSSUET (F.)

5 — Paysage espagnol.

Bois : H. 0m36; L. 1m29.

## BROWN (J.-L.)

6 — Cavalier en costume Louis XV.

Bois : H. 0m21; L. 0m16.

## CARRIER-BELLEUSE (P.)

7 — Soldats sous bois faisant des fascines.

Toile : H. 0m26; L. 0m35.

## CHARDIN (A. DE)

8 — Paysanne assise devant son feu.

Toile : H. 0m46; L. 1m38.

## COLIN (A.)

9 — Portrait d'Homme.

## CORTEZ

10 — Animaux à l'abreuvoir.

Bois : H. 0m31; L. 0m45.

COURDOUAN (V.)

11 — Les Bords du Nil.

Bois : H. 0m33; L. 0m55.

DANTAN

12 — Intérieur à Villerville-sur-Mer (Calvados).
Salon 1883.

Toile : H. 0m46; L. 0m61.

DECOENE (Henri)

13 — Le Musicien.

Bois : H. 0m43; L. 0m33.

DECOENE (Henri.)

14 — Elle n'a jamais servi !

DECOENE (Henri.)

15 — Propos galants.

DUPONT (E.)

16 — Tête de Jeune Fille.

Toile : H. 0m41; L. 0m32.

*

## ÉCOLE FRANÇAISE

17 — Fête champêtre.

Toile : H. 0m64; L. 0m 76.

## FILOSA

18 — Jeune Femme dans les champs.

Bois : H. 0m 20; L. 0m 27.

## GABRIEL

19 — La Côte de Villerville.

Toile : H. 0m38; L. 0m46.

## GABRIEL

20 — Le Port de La Rochelle.

Bois : H. 0m38; L. 0m46.

## GABRIEL

21 — Environs de Gisors.

Toile : H. 0m38; L. 0m46.

## GABRIEL

22 — Dans la vallée de l'Andelle.

Toile : H. 0m38; L. 0m46.

GENISSON

23 — Intérieur d'église.

Bois : H. $0^{m}19$; L. $0^{m}14$.

GERVEX (H.)

24 — Eve.

Bois : H. $0^{m}40$; L. $0^{m}33$.

GINFERRER

25 — Femme nue.

Toile : H. $0^{m}27$; L. $0^{m}41$.

GIRARD (H.)

26 — Paysage d'automne.

HACKERT (Ph.)

27 — Paysage : Environs de Rome.

HUGARD (S.)

28 — La partie d'Échecs.

Bois : H. $0^{m}33$; L. $0^{m}40$.

HUMBERT (F.)

29 — Hérodiade.

Bois : H. $0^{m}24$; L. $0^{m}17$.

LAMBERT (L.-E.)

30 — Sous la surveillance de leur mère, trois jeunes chats jouent sur une peau de tigre étendue devant la cheminée d'un salon.

Toile : H. $0^{m}62$ ; L. $0^{m}89$.

LAMBERT (L.-E.)

31 — Famille de chats.

Toile : H. $0^{m}24$ 1/2 ; L. $0^{m}32$.

LANDELLE

32 — Vénus coupant les ailes de l'Amour.

Bois : H. $0^{m}19$ ; L. $0^{m}13$.

LAYNAUD

33 — Pêcheuses du Tréport.

Toile : H. $0^{m}38$ ; L. $0^{m}46$.

LEGRAND (R.)

34 — Campement d'Arabes.

Bois : H. $0^{m}12$ ; L. $0^{m}18$.

LEGRAND (R.)

35 — Promenade sur l'Étang.

Bois : H. $0^{m}32$ ; L. $0^{m}39$.

LEGRAND (R.)

36 — Hussard du I$^{er}$ Empire et jeune Paysanne

Bois : H. 0$^{m}$32; L. 0$^{m}$39.

MAIGNAN (A.)

37 — Marguerite revenant de la messe.

Bois : H. 0$^{m}$33; L. 0$^{m}$24.

MASSON (B.)

38 — Roses.

Toile : H. 0$^{m}$46; L. 0$^{m}$38.

MAYER (A.)

39 — La Seine à Saint-Ouen.

Toile : H. 0$^{m}$26; L. 0$^{m}$39.

MULLER (Robert-A.)

40 — Charles I$^{er}$ et Van Dyck à Hampton-Court.

Toile : H. 0$^{m}$61 1/2 ; L. 0$^{m}$80.

NOZAL

41 — La Mare Saint-Lubin.

Toile : H. 0$^{m}$24; L. 0$^{m}$41.

NOZAL

42. — Le Château Du Bouchet.

Toile : H. 0m27; L. 0m41.

NOZAL

43 — Les Meules à Etretat.

Toile : H. 0m42; L. 0m67.

ORTÉGO (A.)

44 — Cour intérieure à Venise.

Bois : H. 0m35; L. 0m27.

PALIZZI

45 — Forêt de Fontainebleau l'hiver.

Toile : H. 0m92; L. 1m35.

PALMAROLI

46 — Jeune Femme.

Bois : H. 0m13; L. 0m11.

PETITJEAN (E.)

47 — Paysage aux environs de Nancy.

Toile : H. 0m37; L. 0m61.

## PETITJEAN (E.)

48 — Le Bassin au bois à Anvers.

Toile : H. 0m36; L. 0m61.

## PEZANT (A.)

49 — Prés fleuris (Oise).

Toile : H. 0m41; L. 0m60.

## ROY (Marius)

50 — Marin et Hussard.

Deux panneaux dans un cadre.

H. 0m18; L. 0m10.

## SABATIER (L.-R.)

51 — La Statue de Strasbourg, place de la Concorde.

Toile : H. 1m05; L. 0m77.

## SAUVAGE

52 — L'Hiver.

Dessus de porte.

Toile : H. 0m74; L. 0m98.

## SEYFERT

53 — Paysage (1820).

Pendant du précédent.

Carton : H. 0m33; L. 0m27.

## STEVENS (A.)

54 — Parisienne.

Bois : H. 0m26; L. 0m17.

## VALLÉE (E.)

55 — Moulin en Hollande.

Toile : H. 0m31; L. 0m54.

## VALERY

56 — La Seine à Saint-Ouen.

## VAN BEERS (Jan)

57 — Femme au parasol.

Bois : H. 0m34; L. 0m23.

## VANDEVERDONCK (F.)

58 — La Basse-Cour.

Bois : H. 0m26; L. 0m35.

## VILLAIN

59 — Bouquet de fleurs dans un vase.

Bois : H. 0m30 ; L. 0m39.

## VINCELET (V.)

60 — Fruits.

Toile : H. 0m32 ; L. 0m41.

## WASHINGTON (G.)

61 — Caravane près d'une source.

Bois : H. 0m24 ; L. 0m32.

## WATTIER (E.)

62 — Bacchantes.

Toile : H. 0m28 ; L. 0m20.

## WEBER (Th.)

63 — Marée basse.

Toile : H. 0m22 : L. 0m35.

## WULFFAIRT (C.)

64 — Famille surprise par l'orage.

## INCONNUS

65 — La Plage d'Hyères.

66 — Cour de Ferme.

67 — Jeune Femme tenant une colombe. (Pastel.)

68 — Paysage hollandais; effets de neige.

69 — Fuite en Egypte. Cadre bois sculpté.

70 — Sainte Famille. Cadre bois sculpté.

71 — Enfants jouant autour d'un baquet.

72 — Portrait de Femme. Style Louis XV.

73 — Jésus au milieu des Docteurs. Cadre bois sculpté.

74 — Pastorale. Dessus de porte.

75 — Pasteur au milieu de son troupeau.

76 — Intérieur de Forêt.

77 — **École italienne** : Apothéose.

78 — **École flamande** : Coqs et Poules.

79 — Amours aiguisants leurs flèches.

80 — La Balançoire. (Grisaille.)

81 — **École flamande** : Paysage historique.

## INCONNUS

82 — Tête de Chien.

83 — La Danse espagnole.

84 — **École italienne** : Guerriers romains.

85 — Fleurs et Raisin. (Toile ovale.)

86 — Fleurs dans un verre. (Toile ovale.)

# AQUARELLES, PASTELS, DESSINS
# GRAVURES

### BAUDRY (Paul).

87 — Tête de Femme. (Étude.)
Crayon noir.

### BAZIN (C.)

88 — Costumes de l'armée française sous le second Empire.
Cinquante petites gouaches.

## BOULANGER (L.)

89 — Italienne.

Aquarelle.

## BOUQUET

90 — Cabane de Sabotiers en Bretagne.

Faïence grand feu.

## BOUQUET

91 — En Valachie.

Dessin mine de plomb.

## CARESME (Ph.)

92 — Bacchanale.

Dessin rehaussé.

## COTTIN (P.)

93 — Gravure d'après le tableau de R.-A. Muller : Charles Ier de Van Dyck, à Hampton Court.

H. 0m60 ; L. 0m77.

## COURDOUAN

94 — Cascade dans les montagnes.

Pastel.

## COURDOUAN

95 — Ruines par le soleil couchant.

Aquarelle.

## DENNERY (G.)

96 — Tête de vieux Paysan.

Pastel.

H. $0^{m}55$; L. $0^{m}45$.

## FORAIN (J.-L.)

97 — Dessin rehaussé d'aquarelle avec légende.

## HOSTIN

98 — Le Bain.

Gouache.

## JACQUET (G.)

99 — Jeune Femme coiffée d'une mante.

Aquarelle.

H. $0^{m}50$; L. $0^{m}35$.

## LEBARBIER

100 — Jeune Fille à la colombe.

Pastel.

LEMAIRE (Madeleine)

101 — Fleurs.

Aquarell .

H. 0m55; L. 0m38.

LEMAIRE (Madeleine)

102 — Femme à la guitare.

Encre de Chine.

MAROLD

103 — Renommée.

Encre de Chine.

MERWART (P.)

104 — Dessin à l'encre de Chine pour l'illustration des *Littératures et Philosophie mêlées* (Victor Hugo, 1er vol.)

PILLE (Henri)

105 — Le Malade imaginaire.

Dessin à la plume.

PILS

106 — Cuirassiers.

Aquarelle.

## VIBERT (J.-G.)

107 — Les Cardinaux indiscrets.

Dessin à la plume.

## WORMS

108 — Muletier espagnol.

Aquarelle.

H. $0^{m}32$ ; L. $0^{m}20$.

## INCONNUS

109 — Portrait de jeune Fille. (Pastel.)

110 — Tête de jeune Femme. (Pastel.)

111 — Jeune Fille tenant un chat. (Pastel.)

112 — Enfant à la Chèvre. (Pastel.)

113 — Le Faune enchaîné. (Gravure.) Cadre bois sculpté.

114 — Cadre contenant onze petites gouaches.

115 — Vue de Suisse. (Aquarelle.)

116 — La Cascade du Bois de Boulogne (Gouache.)

117 — Vieux Moulin de Saint-Ouen. (Dessin.)

118 — Vue d'un Château. (Aquarelle.)

## INCONNUS

119 — Deux pendants : Peintures sur porcelaine.

120 — Deux pendants : Vues de Suisse. (Gravures en couleur.)

121 — Deux pendants : Natures mortes. (Gouaches.)

122 — Vue du nouveau Port-Vendres. (Dessin rehaussé d'aquarelle.)

123 — Paysage d'automne. (Aquarelle.)

124 — Vue d'un Lac. (Aquarelle.)

125 — Étude de Canard. (Dessin et aquarelle.)

126 — Deux pendants : Paul et Virginie. (Gravures.)

127 — **Decoene** (D'après). Gravure du tableau : *Elle n'a jamais servi*, n° 14 du catalogue présent.

128 — Sujet religieux : Broderie soie et or. (Travail russe.)

129 — Sous ce numéro seront vendus les Dessins, Gravures et Photographies non catalogués.

IMPRIMERIE A. MAULDE ET Cie
144, RUE DE RIVOLI, PARIS

www.ingramcontent.com/pod-product-compliance
Ingram Content Group UK Ltd.
Pitfield, Milton Keynes, MK11 3LW, UK
UKHW020542180726
13839UKWH00006B/2666

9 782329 500669